I0803669

SÉ AMABLE BIBLIA PARA NIÑOS

Sé Amable Biblia para Niños, publicado por Monsgo® 2023

1218 Interstate Blvd.
Florence SC, 29501, USA
Tel: 843-319-4718
www.monsgo.com
ISBN: 978-1-949206-57-9

Un recurso de Compassion International

Copyright © 2023 por International Publishing Services Pty Ltd Sydney Australia (IPS) & North Parade Publishing Ltd Bath RU (NPP) Publishers, Peter Hicks y Wayne McKay.
Título original: Be Kind Bible
Ilustraciones por © IPS & NPP.
Escrito por Annabelle Hicks
Diseñado por Jacqueline L. Nuñez
Editado por Stephanie Rische

Todos los derechos reservados. Ninguna parte de esta publicación puede ser reproducida, ni almacenada en un sistema de recuperación de información, ni transmitida en ninguna forma ni por ningún medio, ya sea electrónico, fotocopia o grabación, sin el permiso previo por escrito de la editorial. La única excepción son las citas breves en reseñas impresas.
Impreso en China
Traducción por World Connect Lima SAC

¿Quieres información del descuento para compras de 50 copias o más para tu iglesia o ministerio? ¡Contáctanos a ayuda@monsgo.com!

Looking for a volume discount for your church or ministry? Please contact us at ayuda@monsgo.com for information on purchases of 50 or more!

SÉ AMABLE BIBLIA PARA NIÑOS

100 HISTORIAS BÍBLICAS SOBRE BONDAD Y COMPASIÓN

Annabelle Hicks

CONTENIDO

1. Introducción

ANTIGUO TESTAMENTO

3. Dios Crea el Mundo
5. Adán y Eva
7. Adán y Eva Desobedecen a Dios
9. Noé Construye un Gran Barco
11. El Diluvio
13. La Torre de Babel
15. La Promesa de Dios a Abraham
17. Dios Ayuda al Insensato Lot
19. Una Boda Feliz
21. Niños Gemelos
23. Un Sueño muy Especial
25. Una Familia de Doce Niños
27. Los Sueños de un Rey
29. Traslado a Egipto
31. Moisés: Un Bebé en una Canasta
33. Problemas Terribles
35. Un Camino a través del Mar
37. Comida en el Desierto
39. Los Mandamientos de Dios
41. Moisés Ora
43. Los Doce Espías
45. La Serpiente de Bronce
47. Josué se Convierte en Líder
49. La Tierra Prometida
51. Dios Escoge a Gedeón
53. Rut Conoce a Booz
55. Dios Escucha y Responde a Ana
57. David, el Pastorcillo
59. David Pelea con un Gigante
61. David es Amable
63. El Salmo de David
65. Dios es Misericordioso
67. ¡Dios es Grande!
69. Dios Nunca Duerme
71. Un Regalo Especial para Salomón
73. El Templo Magnífico
75. Elías y los Cuervos
77. ¿Quién es el Verdadero Dios?
79. Naamán es Sanado
81. Joás, el Niño Rey
83. Isaías, el Ayudante de Dios
85. El Buen Rey Ezequías
87. Josías y el Libro Perdido
89. Una Lección en el Taller del Alfarero
91. Los Tres Amigos de Daniel
93. Daniel y el Foso de los Leones
95. Regresando a Jerusalén
97. Construyendo los Muros de Jerusalén
99. Una Hermosa Reina
101. Jonás y el Gran Pez

NUEVO TESTAMENTO

103. El Salvador Viene
106. Nace Jesús
107. Siguiendo una Estrella
109. Jesús es Bautizado
111. Jesús es Tentado en el Desierto
113. Jesús Convierte Agua en Vino
115. Una Noche con Nicodemo
117. Una Mujer Sedienta
119. Jesús Visita Nazaret
121. Jesús, el Sanador en Caná
123. Enfermos Alrededor de una Piscina
125. Jesús, el Sanador en Galilea
127. Cuatro Amigos en un Tejado
129. Felicidad Verdadera
131. Una Lección de Pájaros y Flores
133. Cómo Orar
135. Una Persona Sabia
137. Jesús Cuenta una Historia: La Semilla del Sembrador
139. Jesús Calma la Tormenta
141. Jesús Resucita a una Niña de la Muerte
143. Un Gran Picnic
145. Jesús Ama a los Niños
147. Jesús Cuenta una Historia: El Buen Samaritano
149. Jesús Cuenta Historias: Una Oveja Perdida y una Moneda Perdida
151. Jesús Cuenta una Historia: El Padre Amoroso
153. Jesús Cuenta una Historia: Dos Hombres en el Templo
155. El Gobernante Rico
157. Un Ciego Desesperado
159. Un Hombre en un Árbol
161. Perfume Caro
163. ¡Hosanna!
165. Problemas en el Templo
167. La Gran Ofrenda de una Viuda
169. Jesús Lava los Pies
171. Recuerda a Jesús
173. Jesús Muere en la Cruz
175. Jesús Está Vivo
177. Un Desconocido en el Camino
179. Es Realmente Jesús
181. Desayuno en la Playa
183. El Comienzo de la Iglesia
185. Hablando Sobre Jesús
187. En el Camino a Damasco
189. Bernabé es un Buen Amigo
191. Buenas Nuevas para Todos
193. Pablo y Bernabé se Van de Viaje
195. Pablo y Silas se Van de Viaje
197. Timoteo el Aprendiz
199. Pablo Viaja a Roma
201. Nuestra Maravillosa Casa

Queridos Padres,

La Palabra de Dios nos dice que los demás sabrán que somos cristianos por nuestro amor. Y su Palabra nos da ejemplos de cómo podemos vivir una vida de amor y compasión. Las 100 historias que se incluyen en este libro van acompañadas de recordatorios sobre cómo podemos ver la bondad y la compasión a lo largo de la Biblia. Mientras leen este libro, tómense un tiempo para hablar sobre las maneras en que su hijo puede mostrar bondad hacia las personas con las que se relaciona cada día. Solo se necesita una persona para crear un cambio. ¡Deje que comience en su hogar hoy!

Bendiciones,

Compassion International

ANTIGUO TESTAMENTO

DIOS CREA EL MUNDO

GÉNESIS 1–2

En el principio, Dios hizo la luz para ahuyentar las tinieblas. Hizo el sol, la luna y las estrellas. Llenó la tierra con hermosas plantas, el mar con maravillosas criaturas y el cielo con coloridas aves. Creó animales de todas las especies: enormes elefantes y pequeños insectos.

Entonces, Dios creó al primer hombre, Adán, y a su esposa, Eva.

Podemos ver las cosas maravillosas que Dios ha hecho y decirle: "Gracias, Dios, por tu maravilloso mundo. ¡Eres tan bondadoso con nosotros!".

ADÁN Y EVA

GÉNESIS 2

Dios sopló su vida en Adán y Eva. Dios amaba a Adán y Eva y les dio todo lo que necesitaban. Ellos vivían en un huerto lleno de hermosos árboles, con todo tipo de plantas, semillas y frutas para comer y disfrutar. Adán y Eva eran amables y se ayudaban entre sí en el huerto.

Dios estaba contento con todo lo que había creado. Amaba a Adán y Eva y disfrutaba pasar tiempo con ellos. En la actualidad, Él ama a todas las personas.

ADÁN Y EVA DESOBEDECEN A DIOS

GÉNESIS 3

Dios les dijo a Adán y Eva que no comieran el fruto de un árbol del huerto. La serpiente le preguntó a Eva: "¿Por qué no comes de ese árbol? ¡Mira su maravilloso fruto! ¡No te hará daño!". Así que Adán y Eva desobedecieron a Dios. Se culparon entre sí por su decisión equivocada. Pero Dios aún se preocupaba por ellos. Les dio ropa de cuero resistente para su vida de trabajo duro fuera del huerto.

¡El mundo perfecto de Dios se había estropeado! Dios estaba triste, pero no dejó de amar a Adán y a Eva. En su bondad, Dios prometió enviar a un salvador.

NOÉ CONSTRUYE UN GRAN BARCO

GÉNESIS 6

Después de muchos años, había mucha gente, pero eran malvados entre sí. Había un buen hombre llamado Noé que confiaba en Dios. Dios le dijo a Noé que vendría un diluvio y que debía construir un gran barco llamado arca. Noé obedeció a Dios a pesar de que mucha gente se burlaba de la advertencia de Dios. Lo que Dios dijo era cierto: vino el diluvio.

Noé vivía y trataba de manera diferente a su prójimo. Se preocupaba por los demás y escuchaba a Dios, así que Dios le dio sabiduría para construir el arca.

EL DILUVIO

GÉNESIS 7–9

La familia de Noé entró al arca con una pareja de cada especie animal en la tierra. Luego, Dios cerró la puerta. ¡Llovió, llovió y llovió! Pero el arca flotaba sin problemas sobre el agua. Después de un largo tiempo, el arca desembarcó en suelo seco. Dios prometió siempre preocuparse por su mundo. Dios puso un arcoíris en el cielo para recordarle a las personas su promesa.

Dios mostró compasión con Noé al salvar a su familia del diluvio. Dios aún nos muestra su bondad en la actualidad. Cada arcoíris nos recuerda que Dios se preocupa por su mundo y mantiene sus promesas.

LA TORRE DE BABEL
GÉNESIS 11

Las personas que vivieron después de Noé fueron desobedientes. ¡Decidieron con orgullo construir una gran y alta torre! Dios no quería que el pueblo pensara solo en sí mismo, ¡así que les hizo hablar muchos idiomas diferentes! Cuando nadie podía entenderse entre sí, se alejaron y dejaron su gran construcción sin terminar.

El pueblo se juntó para hacer algo egoísta. En lugar de eso, Dios quiere que trabajemos juntos para amar y preocuparnos por los demás.

LA PROMESA DE DIOS A ABRAHAM

GÉNESIS 12–18, 20–21

Dios le pidió a un hombre fiel llamado Abraham que fuera a otra tierra. Dios prometió darle a Abraham una gran familia que llevaría la bendición a todos los pueblos. Abraham confió en Dios y obedeció. Abraham esperó mucho tiempo sin tener hijos, pero siguió creyendo en Dios. Finalmente, el hijo prometido nació a la esposa de Abraham, Sara. Llamaron al bebé Isaac.

La promesa de Dios se cumplió. Los hijos de Abraham tuvieron muchos hijos y, muchos años después, Jesús vino de esa familia trayendo bendición a todo el mundo y a nosotros en la actualidad.

DIOS AYUDA AL INSENSATO LOT

GÉNESIS 13, 18–19

Abraham le dijo a su sobrino Lot: “Escoge en dónde quieres vivir”. Lot escogió un valle que parecía bueno, pero los habitantes eran malvados. Abraham estaba preocupado y oró a Dios. Dios bondadosamente envió un ángel para rescatar a Lot y a su familia.

Aunque Lot tomó una decisión ingenua, Dios sabía que no había seguido las costumbres malvadas de la gente que lo rodeaba. Dios amorosamente envió ayuda para la familia de Lot.

UNA BODA FELIZ

GÉNESIS 24

Abraham quería que su hijo Isaac se casara con una mujer agradable que siguiera los caminos de Dios. Un siervo recorrió un largo camino hasta el lugar donde vivía Abraham y pidió a Dios que la muchacha adecuada le ofreciera agua del pozo. ¡Pronto Dios trajo a la hermosa Rebeca al pozo! Cuando Rebeca e Isaac se conocieron, se enamoraron y se casaron.

Dios quiere guiarnos en las grandes y pequeñas decisiones de nuestras vidas. ¡Él es omnisciente y su camino siempre es el mejor!

NIÑOS GEMELOS

GÉNESIS 25, 27–28

Isaac y Rebeca tuvieron dos hijos gemelos: Jacob y Esaú. Un día, cuando Esaú estaba muy hambriento, Jacob convenció a Esaú de que le cambiara los privilegios que tenía por ser el primogénito de la familia por ¡un plato de guiso!

Cuando Isaac era viejo y estaba casi ciego, Jacob hizo trampa para conseguir la bendición especial de su padre. Jacob se disfrazó de su hermano haciendo que su piel lisa pareciera velluda. Su mentira funcionó y consiguió la bendición. Esaú se enfadó y Jacob huyó.

Dios cuidó muy bien de Jacob, a pesar de haber tomado una decisión equivocada. Dios nunca deja de amarnos..

UN SUEÑO MUY ESPECIAL

GÉNESIS 28

Jacob soñó con una escalera que llegaba al cielo con ángeles que subían y bajaban. Dios le hizo grandes promesas: "Yo soy el Señor Dios. Te cuidaré, estaré contigo y te haré volver a esta tierra". Jacob aprendió que Dios es grande y bondadoso. Ahora Jacob quería seguir el camino de Dios.

El amor y la bondad de Dios cambiaron el corazón de Jacob. En lugar de tomar de otras personas, prometió dar parte de todo lo que tenía a Dios.

UNA FAMILIA DE DOCE NIÑOS

GÉNESIS 37

Jacob tenía un hijo favorito, José, y le dio una túnica multicolor. Los otros hijos de Jacob estaban celosos y enfadados, lo que empeoró cuando José soñó que los manojos de maíz de sus hermanos se inclinaban ante su manojo, y el sol, la luna y las estrellas se inclinaban ante él.

Los hermanos vendieron a José para que se convirtiera en sirviente en Egipto y mancharon su túnica con sangre. Jacob, desconsolado, creyó que habían matado a José.

Dios cuidó amorosamente de José. Dios vio fe y honestidad en el corazón de José. Los sueños eran en realidad un vistazo al buen plan de Dios.

LOS SUEÑOS DE UN REY

GÉNESIS 41

El faraón estaba preocupado por sus sueños: siete vacas flacas se comían a siete gordas; luego ¡siete cabezas de grano flacas se comían a siete gordas! Dios le mostró a José que esto significaba siete años de grandes cosechas antes de siete años malos. El nuevo trabajo de José como líder era almacenar grano en todo Egipto en los años de abundancia.

José tenía un trabajo especial en el gran plan de Dios. Los bisnietos de Abraham no morirían de hambre sino que ¡serían tantos como las estrellas!

TRASLADO A EGIPTO

GÉNESIS 42–47

Comenzaron los siete años sin mucha comida. La gente venía de lejos a Egipto para comprar comida, incluidos los hermanos de José. Los hermanos se inclinaron ante el gobernante egipcio, ¡sin saber que era José! ¡Los sueños de José se habían hecho realidad! José se enteró de que el malvado corazón de sus hermanos había cambiado. Con lágrimas de alegría, José los abrazó y dispuso que todos se trasladaran a Egipto.

Los hermanos de José no habían hecho nada para ganarse la bondad de José, pero él era amable de todos modos. Dios nos ayuda a seguir el ejemplo de José de perdonar a los que nos ofenden.

MOISÉS: UN BEBÉ EN UNA CANASTA

ÉXODO 1–3

Un nuevo faraón hizo trabajar duro al pueblo de Dios, los israelitas, y dijo: “¡No habrá más bebés varones!”. Una madre escondió a su bebé en una canasta junto al río y la hija del rey lo encontró. El bebé se llamaba Moisés. Cuando creció, Moisés quería que la gente en Egipto fuera tratada con justicia, pero algunos eran esclavos. Dios le dijo a Moisés: “Yo rescataré a mi pueblo. Dile al faraón que los libere”.

En su bondad, Dios le dio a Moisés un trabajo importante. Dios vio que su pueblo sufría y escogió a Moisés para ayudarlos.

PROBLEMAS TERRIBLES

ÉXODO 7–12

Moisés dijo al faraón las palabras de Dios, pero el faraón dijo: "¡No!". Dios envió agua mala del río, ranas, mosquitos, moscas, animales enfermos, llagas, granizo y fuego, langostas y tres días de oscuridad. El faraón seguía diciendo: "¡No! ¡No dejaré ir a tu pueblo!". Se acercaba el último y terrible problema: los primogénitos morirían. Pero estarían a salvo si un cordero moría en su lugar. Entonces, el faraón vio lo poderoso que es Dios. El faraón dijo: "¡Sí!".

Los primogénitos estuvieron a salvo cuando un cordero ocupó su lugar. Jesús es el cordero que murió en nuestro lugar. Podemos confiar en que Él nos cuidará.

UN CAMINO A TRAVÉS DEL MAR

ÉXODO 14

¡Los israelitas salieron de Egipto! Pero el faraón cambió de opinión. Ahora el ejército del faraón estaba detrás de los israelitas, y el mar Rojo estaba delante de ellos. Moisés confió en la ayuda de Dios. Dios abrió un camino a través del mar, y todos los israelitas cruzaron a salvo. Cuando los egipcios trataron de seguirlos, se atascaron y el agua colapsó a su alrededor.

Dios hizo milagrosamente un camino para los israelitas liberados para darles un gran futuro. El amor de Dios está siempre con nosotros, ¡tanto en los días milagrosos como en los ordinarios!

COMIDA EN EL DESIERTO

ÉXODO 15–16

Los israelitas gemían y se quejaban en el caluroso desierto sin saber dónde encontrar comida o agua. ¡Incluso deseaban volver a Egipto! Dejaron de alabar a Dios por haberlos liberado del faraón, pero cada mañana Dios se preocupaba por ellos proporcionándoles una comida increíble. Llamaron al alimento maná, que significa "¿Qué es?"

Jesús nos enseñó a pedir a nuestro Padre celestial nuestro "pan de cada día" porque Dios no ha cambiado. Él todavía ama proveer a sus hijos.

LOS MANDAMIENTOS DE DIOS

ÉXODO 20

Dios ofreció al pueblo bendiciones, paz y alegría. Si elegían honrar a Dios y obedecer sus mandamientos, podrían disfrutar de la presencia amorosa de Dios. Algunos de estos mandamientos son "respeta y obedece a tus padres" y "no mientas". Dios siempre nos ama y nos quiere cerca de Él. Le mostramos a Dios que lo amamos obedeciendo sus mandamientos.

Jesús dijo que los mandamientos de Dios podían resumirse de la siguiente manera: "Pon a Dios en el primer lugar de tu corazón y ama a tu prójimo como a ti mismo".

MOISÉS ORA

ÉXODO 33

Más de una vez, los israelitas rompieron obstinadamente su promesa de obedecer a Dios. Ahora el pueblo seguiría adelante hacia su nueva tierra, pero Dios no estaría con ellos. Moisés le rogó a Dios que los perdonara y los guiara. Dios sabía que el pueblo no podía vivir sin Él, y su corazón bondadoso respondió: "Sí, estaré contigo".

Moisés estaba asombrado por la compasión y el perdón de Dios. En todo momento Dios es totalmente santo, y en todo momento Dios es totalmente compasivo.

LOS DOCE ESPÍAS

NÚMEROS 13–14

Moisés envió a doce hombres a explorar la tierra prometida de Canaán. Llevando deliciosos frutos, diez informaron lo siguiente: “La tierra está llena de leche y miel, tal y como Dios prometió, pero ¡hay gente fuerte y grandes ciudades! ¡No podemos ir allí!”.

Solo dos hombres confiaron en Dios y dijeron: “¡Vamos de inmediato! Dios está con nosotros”.

Dios nos ama lo suficiente como para permitirnos tomar decisiones. Recordemos su maravilloso amor y cuidado y elijamos confiar en Él, en lugar de en nuestra propia fuerza.

LA SERPIENTE DE BRONCE

NÚMEROS 21

Los israelitas se olvidaron de la bondad de Dios y comenzaron a quejarse contra Él. Dios estaba apenado y enojado porque el pueblo no confiaba en Él. Pero el pueblo pronto se arrepintió cuando entraron serpientes venenosas en su campamento. Tenían miedo, pero Moisés oró a Dios por ellos. Dios instruyó a Moisés: "Haz una serpiente y ponla en un poste. Cualquiera que sea mordido puede mirarla y vivir".

Dios escucha nuestras oraciones y es bondadoso con nosotros. Sana a aquellos en necesidad. Esta historia es un símbolo de Jesús en la cruz. Quien mira con fe a Jesús obtiene el perdón y la vida eterna.

JOSUÉ SE CONVIERTE EN LÍDER

DEUTERONOMIO 29–31

El viejo Moisés animó al pueblo a recordar la bondad de Dios: "Dios siempre quiere lo mejor para ti, pero ¡debes elegir! Si sigues el camino de Dios, Él te cuidará. Si vives de manera egoísta, perderás tu tierra y verás que la vida es difícil". Moisés encomendó su trabajo a Josué: "Ahora eres el líder. Sé valiente. ¡Dios está contigo!".

Dios no hizo reglas para estropear la vida, sino para que la gente pudiera vivir de la mejor manera posible y disfrutar de todas las bendiciones de Dios.

LA TIERRA PROMETIDA

JOSUÉ 1–6

Dios hizo un camino en medio de un río y ¡Josué llevó a los israelitas a la tierra prometida! La ciudad de Jericó se encontraba más adelante. Durante seis días, el ejército israelita marchó alrededor de sus enormes murallas y al séptimo día dieron siete vueltas a la ciudad. Sonaron las trompetas y Josué ordenó: “¡Griten! Dios les ha entregado la ciudad”. ¡Dios hizo que los muros se derrumbaran!

Dios ha cumplido sus promesas: ¡la familia de Abraham se convirtió en una gran multitud y llegó a la tierra que Dios les había prometido! Siempre podemos confiar en lo que Dios dice.

DIOS ESCOGE A GEDEÓN

JUECES 6–7

Pasaron muchos años. Los enemigos seguían robando las cosechas y los animales de los israelitas. Al final, los israelitas pidieron ayuda a Dios. Dios envió a Gedeón para que los guiara. Una noche, los hombres de Gedeón rodearon silenciosamente el campamento enemigo con antorchas ocultas.

De repente, ¡rompieron sus jarras, levantaron sus antorchas y gritaron! Los enemigos se sorprendieron y tuvieron miedo, ¡y huyeron! Dios ayudó a Gedeón a ganar con trescientos soldados contra ¡miles!

Gedeón aprendió que es mejor confiar en Dios que depender de la gente. Dios espera escuchar nuestras peticiones, así que no nos olvidemos de pedir su guía.

RUT CONOCE A BOOZ

RUT 1–4

Noemí era una mujer que amaba a Dios. Su esposo y sus hijos murieron, pero su nuera Rut prometió siempre vivir con ella. Noemí y Rut se mudaron a un nuevo país y necesitaban comida. Booz, un amable agricultor, dejó deliberadamente grano para que Rut lo recogiera en su campo y compartió su almuerzo con ella. Cuando Booz se casó con Rut, Noemí sabía que Dios había dispuesto esta gran alegría.

Booz ayudó a Rut y a Noemí cuando tenían necesidad. Dios bendijo la amabilidad de Booz. Muchos años después, Jesús nace dentro de la familia de Booz y Rut para bendecir al mundo.

DIOS ESCUCHA Y RESPONDE A ANA

1 SAMUEL 1–3

Ana anhelaba un hijo y le prometió a Dios: "Si me das un hijo, dejaré que trabaje para ti". Dios dijo: "¡Sí!". Ana estaba tan agradecida que cantó una canción sobre el ¡maravilloso amor de Dios! Su hijo, Samuel, creció en un lugar de adoración y aprendió a escuchar la voz de Dios.

Ana se emocionó ante la generosa compasión de Dios hacia ella. Dios llenó su vida con más hijos a los que amar y disfrutar.

DAVID, EL PASTORCILLO

1 SAMUEL 16

Cuando Samuel era adulto, Dios le envió a ungir a un rey de cierta familia. Había siete varones altos y guapos, pero Dios dijo: "¡No! No me fijo en las apariencias, sino en sus corazones". Finalmente, el más joven, David, llegó de cuidar sus ovejas: ¡era el elegido por Dios! David quería adorar a Dios con todo su corazón.

¡Dios siempre mira el interior de nuestros corazones! Cuando le adoramos a Él primero, todo lo demás encontrará su lugar correcto en nuestras vidas.

DAVID PELEA CON UN GIGANTE

1 SAMUEL 17

Los enemigos de Israel tenían un vencedor. David visitó a sus asustados hermanos soldados justo cuando el gigante enemigo gritaba: "¡Envíen a un solo hombre a luchar contra mí!". David dijo: "Dios me ha salvado antes de un oso y un león. ¡Confío en que Dios me ayudará a ganar!". David lanzó una piedra, el gigante cayó al suelo, ¡y los enemigos se dispersaron!

Dios vio que los israelitas eran tratados de mala manera por sus enemigos. Debido a que David amaba y confiaba en Dios, Dios escogió a David para guiar a su pueblo.

DAVID ES AMABLE

2 SAMUEL 9

El rey Saúl detestaba a David, pero el hijo del rey, Jonatán, ¡era el mejor amigo de David! Cuando David se convirtió en rey, quería mostrar su amabilidad a la familia de Saúl debido a Jonatán. David conoció al nieto de Saúl, Mefiboset, quien no podía caminar. David le devolvió a Mefiboset las tierras de su familia y lo invitó a comer siempre en el palacio.

Dios ama a todas las personas y quiere que seamos amables. Podemos pedirle a Dios que nos ayude a ver y amar a la gente a nuestro alrededor.

EL SALMO DE DAVID

SALMOS 23

Jehová es mi pastor; nada me faltará.

En lugares de delicados pastos me hará descansar;

Junto a aguas de reposo me pastoreará.

Confortará mi alma;

Me guiará por sendas de justicia por amor de su nombre.

Aunque ande en valle de sombra de muerte,

No temeré mal alguno, porque tú estarás conmigo

Y en la casa de Jehová moraré por largos días.

David escribió muchas canciones hermosas. En el salmo de David, él describe a Dios como el maravilloso buen pastor, que siempre cuida y provee para nosotros, sus ovejas.

DIOS ES MISERICORDIOSO

SALMOS 51

Ten piedad de mí, oh Dios,

conforme a tu misericordia

Lávame más y más de mi maldad,

Y límpiame de mi pecado.

Crea en mí, oh Dios, un corazón limpio

Y no quites de mí tu santo Espíritu.

Vuélveme el gozo de tu salvación

Al corazón contrito y humillado no despreciarás tú, oh Dios.

David aprendió que Dios tiene razón al enojarse con el pecado, pero Dios es misericordioso y nunca rechaza a quien tiene un corazón humilde y arrepentido.

¡DIOS ES GRANDE!

SALMOS 103

Bendice, alma mía, a Jehová
Y no olvides ninguno de sus beneficios
El que sacia de bien tu boca
Ni para siempre guardará el enojo
No ha hecho con nosotros conforme a nuestras iniquidades
Cuanto está lejos el oriente del occidente
Hizo alejar de nosotros nuestras rebeliones
Como el padre se compadece de los hijos
En todos los lugares de su señorío
Bendice, alma mía, a Jehová

David estaba tan emocionado con el asombroso amor y perdón de Dios que llamó a todos los ángeles y a toda la creación para que se unieran a él en ¡adoración a Dios!

DIOS NUNCA DUERME

SALMOS 121

Alzaré mis ojos a los montes;
¿De dónde vendrá mi socorro?
Mi socorro viene de Jehová,
Que hizo los cielos y la tierra.
Ni se dormirá el que te guarda.
El sol no te fatigará de día,
Ni la luna de noche.
Jehová te guardará de todo mal

Dios nos hizo, nos ama y quiere que permanezcamos cerca de Él, bajo su protección, día y noche.

UN REGALO ESPECIAL PARA SALOMÓN

1 REYES 3; 2 CRÓNICAS 1

Dios le preguntó al hijo de David: "¿Qué debo darte, Salomón?". Salomón respondió humildemente: "Quiero ser un buen rey. Por favor, dame sabiduría para gobernar a tu pueblo. Muéstrame lo que es bueno y lo que es malo". Dios estaba contento y dijo: "¡Sí! Sigue mis caminos y también te daré riquezas y una larga vida".

Dios anhela que actuemos de maneras que Él pueda bendecir. Cuando pedimos, Dios nos da la sabiduría para diferenciar el bien del mal y la fuerza para escoger el camino correcto.

EL TEMPLO MAGNÍFICO

1 REYES 5–8; 2 CRÓNICAS 2–7

Después de siete años, miles de trabajadores terminaron de construir un templo magnífico con grandes piedras, madera especial, mucho oro y maravillosas telas. En el interior colocaron objetos especiales para adorar. El rey Salomón oró: "Dios, tú creaste todo y no vives en edificios, pero aquí queremos estar cerca de ti y escuchar tu palabra".

Dios nos dice, como le dijo a Salomón: "¡Sí! Estaré contigo". Dios vive en las personas. ¡Podemos alabarle en donde quiera que estemos!

ELÍAS Y LOS CUERVOS

1 REYES 17

Generaciones más tarde, el rey Acab y la reina Jezabel adoraron a dioses inventados llamados ídolos, por lo que Dios advirtió: "Durante dos años no habrá lluvia". Sin lluvia, las cosechas no crecieron.

Los cuervos llevaron pan y carne al profeta de Dios, Elías. Más tarde, Dios envió a Elías a ayudar a una viuda y a su hijo. Apenas tenían comida. Elías les dijo: "¡Hagan pan para mí, y Dios proveerá más!". ¡Y eso es lo que ocurrió!

Después de hacer cada pan, ¡siempre había harina y aceite para la siguiente vez! A Dios le gusta dar generosamente, sobre todo cuando estamos dispuestos a compartir con los demás.

¿QUIÉN ES EL VERDADERO DIOS?

1 REYES 18

Elías organizó un concurso. Los adoradores de ídolos de Jezabel prepararon un sacrificio. Durante todo el día, cientos de ellos rogaron a su dios que enviara fuego. ¡No ocurrió nada! Entonces Elías reparó el altar de Dios con doce piedras, cubiertas con madera y el sacrificio. Elías empapó el altar con agua y oró: "¡Por favor, muéstrale a esta gente que tú eres Dios!". El fuego de Dios lo quemó todo, ¡incluso las piedras!

¡Dios es el único y verdadero Dios! Él es todopoderoso y merece nuestra adoración. Él escucha cuando oramos.

NAAMÁN ES SANADO

2 REYES 2, 5

Después de que Elías se fue al cielo, un nuevo profeta llamado Eliseo tomó su lugar. Eliseo también habló las palabras de Dios. Naamán, un importante soldado sirio, tenía una enfermedad de la piel. Una niña que trabajaba en la casa de Naamán le dijo a éste que Dios lo sanaría. Naamán viajó lejos para ver a Eliseo en Israel, quien le dijo: "Mójate en el río Jordán siete veces". A Naamán no le pareció muy buena idea, pero finalmente obedeció lo que Dios había dicho a través de Eliseo, ¡y Dios lo sanó completamente!

Fue una niña la que cuidó de Naamán y compartió las buenas nuevas de cómo Dios lo sanaría. ¿A quién puedes animar con las buenas nuevas hoy?

JOÁS, EL NIÑO REY

2 REYES 11–12; 2 CRÓNICAS 24

El rey de Israel murió, así que la familia del rey debatió sobre quién sería el siguiente gobernante. El príncipe Joás fue rescatado en secreto y escondido en el templo. Cuando Joás tenía siete años, fue coronado rey en lugar de los malvados miembros de su familia. El rey Joás confió en Dios y guió a mucha gente a seguir las reglas de Dios, aunque volvieran a desobedecer.

Joás se convirtió en rey cuando era un niño. Dios ama a todos: ¡a los adultos, a los adolescentes y a los niños pequeños! Nadie es demasiado joven para formar parte del plan de Dios.

ISAÍAS, EL AYUDANTE DE DIOS

2 REYES 17; ISAÍAS 6

Un hombre llamado Isaías tuvo una visión de Dios sentado en un alto trono rodeado de ángeles. La santidad de Dios llenaba la habitación, e Isaías sintió lo pecador que era. Dios vio a Isaías y perdonó sus pecados. Cuando Dios le pidió un mensajero voluntario, Isaías respondió: "¡Mándame a mí!".

Isaías predicó: "Dios te ama. Vuelve a Él". El pueblo se negó a escuchar. Fuertes enemigos marcharon y tomaron su reino del norte.

Aunque Dios es santo, nos ama y quiere que estemos cerca de Él. ¡Nos llama con los brazos abiertos y nos ofrece el perdón!

EL BUEN REY EZEQUÍAS

2 REYES 18–20; 2 CRÓNICAS 29–32

El rey Ezequías gobernó el reino del sur. Restauró el templo y llamó a su pueblo a adorar a Dios. Dios perdonó a todos los que realmente querían seguirle. Fuertes invasores, acampados en las cercanías, se jactaban de que ningún dios podía detenerlos. Ezequías pidió a Dios que rescatara a su pueblo y mostrara su poder. Esa noche, ¡el ángel de Dios derrotó al enemigo! ¡Los soldados de Ezequías no tuvieron que luchar!

¡Dios se preocupa, escucha y responde! El corazón de Ezequías era recto, y Ezequías quería que el nombre de Dios fuera honrado. Dios respondió a las oraciones de Ezequías y rescató a su pueblo.

JOSÍAS Y EL LIBRO PERDIDO

2 REYES 22–23; 2 CRÓNICAS 34

Años después de que Ezequías fuera rey, Josías, de ocho años, se convirtió en rey. Quería que el pueblo volviera a los caminos de Dios. Los obreros del templo encontraron el descuidado y polvoriento "Libro de la Ley de Dios". Josías lo leyó y se afligió porque la gente había olvidado las normas de Dios. Cuando los mandamientos de Dios fueron leídos en voz alta, todos prometieron volver a Dios y deshacerse de los ídolos.

¡Todo cambió cuando la gente escuchó la Palabra de Dios! Su Palabra es siempre verdadera y actual. Nos enseña cómo seguir a Dios.

UNA LECCIÓN EN EL TALLER DEL ALFARERO

JEREMÍAS 18, 29

Jeremías era un hombre con un mensaje de Dios. Predicó: "¡Dios tiene buenos planes para ustedes! Son como arcilla deformada que el alfarero puede convertir en una nueva vasija. ¡Dios puede hacerlos nuevos! Pero si no cambian y le siguen, los enemigos vendrán y tomarán su tierra".

El corazón de Dios rebosaba de amor y de buenos planes para su pueblo obstinado, pero éste no quiso escuchar. Debemos elegir: ¿seguimos el camino de Dios o el nuestro?

LOS TRES AMIGOS DE DANIEL

DANIEL 3

Daniel y sus amigos eran israelitas sacados de su hogar. En Babilonia, el rey Nabucodonosor les ordenó a todos que adoraran a su enorme ídolo de oro o que fueran castigados. Los tres amigos de Daniel dijeron: "¡No! Solo nos inclinamos ante Dios". Nada podía dañarlos porque el ángel de Dios los protegía. Fueron lanzados a un horno de fuego, ¡pero ni siquiera se les quemó la ropa! El rey aprendió que solo hay un Dios verdadero.

Dios es rey sobre todos los gobernantes del mundo. Si los gobernantes hacen leyes en contra de los mandamientos de Dios, debemos elegir obedecer a Dios. Su camino es siempre el mejor.

DANIEL Y EL FOSO DE LOS LEONES

DANIEL 6

Hombres celosos conspiraron contra Daniel. Sabían que él oraba a Dios.

Así que halagaron al rey: "¡Majestad! ¡Haz una nueva ley! El pueblo solo debe orarle a usted, ¡o ser arrojado a los leones!".

Daniel no dejó de orar. Se vio obligado a entrar en una cueva con leones hambrientos. ¡El ángel de Dios lo protegió y cerró la boca de los leones! A la mañana siguiente, Daniel salió ileso.

Daniel conocía a Dios y confiaba totalmente en Él. En su bondad, Dios veló por Daniel y lo protegió de los planes de los hombres malvados.

REGRESANDO A JERUSALÉN

ESDRAS 1–3; HAGEO 2; ZACARÍAS 8

¡La promesa de Dios se hacía realidad! Los exiliados judíos volvieron a casa, con los tesoros recuperados, saqueados años antes del templo de Dios.

Tras el largo y agotador viaje, ¡los viajeros lloraron! Su hermosa ciudad estaba destruída, y el templo era un montón de escombros. Mientras reconstruían, los mensajeros de Dios les animaron: "¡Recuerden que Dios está con ustedes!".

Cuando estemos cansados y tristes, podemos recordar que nuestro Dios amoroso está con nosotros. ¡Él siempre cumple sus promesas!

CONSTRUYENDO LOS MUROS DE JERUSALÉN

NEHEMÍAS 1–10

Lejos de casa, Nehemías, un líder de los israelitas, recibió la siguiente noticia: "Los muros de Jerusalén están destruídos". ¡Su generoso jefe le envió a casa materiales de construcción! Nehemías puso a todos a trabajar; unos construyeron y otros vigilaron a los enemigos. ¡Los enormes muros se terminaron en cincuenta y dos días! Cuando se leyeron las normas de Dios en voz alta, el pueblo se dio cuenta de que había fallado y prometió obedecer.

Nehemías organizó al pueblo para trabajar juntos como un gran equipo. Con la fuerza de Dios podemos trabajar juntos con nuestra familia y amigos para ayudar a nuestras comunidades.

UNA HERMOSA REINA

ESTER 1–7

El rey persa amaba a su reina judía, Ester. El orgulloso primer ministro, Amán, amaba la alabanza, pero el primo de Ester no se inclinaba ante él. Amán engañó al rey para que firmara una ley para matar a todo el pueblo judío: "¡Majestad! El pueblo judío desobedece tus leyes. ¡Castígalos!". El rey no sabía que era el pueblo de Ester.

Ester le dijo valientemente al rey que el plan de Amán la mataría. El rey, enfadado, castigó a Amán en su lugar.

Ester habló con valentía cuando se enteró del malvado plan de Amán. Dios bendijo su valor y veló por el pueblo judío.

JONÁS Y EL GRAN PEZ

JONÁS 1–3

Jonás fue un profeta elegido para anunciar las palabras de Dios. Pero desobedeció la instrucción de Dios de predicar en Nínive. Jonás no quería que Dios perdonara a esa gente. Subió a un barco que iba en dirección contraria, pero el barco se encontró con una terrible tormenta. La culpa fue de Jonás, por lo que fue arrojado al mar. Dios envió un enorme pez para que se lo tragara y, tres días después, ¡lo escupiera! Después de eso obedeció a Dios.

Todas las personas de todos los países del mundo han sido creadas por Dios y Él cuida de todas por igual. Podemos ayudar a llevar el mensaje de perdón y compasión de Dios a todas las personas.

NUEVO TESTAMENTO

EL SALVADOR VIENE

LUCAS 1; MATEO 1:18–25

Un ángel visitó a una mujer llamada María y le dijo que, mediante el poder de Dios, tendría un niño: Jesús, ¡el Salvador del mundo! Un ángel también visitó a José, el futuro esposo de María. Él se alegró de cuidar a María y a su bebé.

¡El gran plan de Dios se estaba desarrollando! ¡Dios amaba tanto al mundo que enviaría a su Hijo desde el cielo al mundo para ser el Salvador!

NACE JESÚS

LUCAS 2

José y María tenían que viajar a Belén. Pero no había espacio para que se quedaran en una posada. El bebé de María, Jesús, nació y fue colocado en un pesebre. Los pastores fueron los primeros en escuchar la noticia de un ángel: “Hoy ha nacido el Salvador. ¡Está en un pesebre!”. Un coro de ángeles cantó: “¡Gloria a Dios! ¡Paz en la tierra!”. ¡Los pastores corrieron a Belén y comprobaron que era verdad!

Dios eligió a unos pastores ordinarios para que fueran los primeros en conocer y adorar a Jesús. Los pastores contaron con entusiasmo a todos sus conocidos que ¡había nacido el Salvador!

SIGUIENDO UNA ESTRELLA

MATEO 2

Los reyes magos seguían una estrella. Sabían que había nacido un rey. En el palacio del rey Herodes preguntaron: "¿Dónde está el nuevo rey?". ¡Jerusalén era el lugar equivocado! Se dirigieron a Belén y la estrella los llevó hasta donde estaba Jesús. Adoraron al niño y le dieron oro, incienso y mirra.

Jesús sería un rey un gobernador diferente al rey Herodes. Herodes solo quería el poder, pero Jesús demostraría que Él era un rey bueno y bondadoso.

JESÚS ES BAUTIZADO

MATEO T; MARCOS 1; LUCAS 3; JUAN 1

Juan era un hombre audaz que vivía en el desierto y predicaba: “Arrepiéntete de verdad. Abandona tus pecados. Da la bienvenida al reino de Dios y ¡bautízate!”.

Mientras Jesús se acercaba, Juan anunciaba: “¡Aquí está el cordero de Dios!”. El Espíritu de Dios se posó sobre Jesús, y Dios exclamó: “Tú eres mi Hijo, y te amo!”.

Juan dijo: “Yo solo uso agua para bautizar, pero ¡Jesús derramará el Espíritu de Dios!”.

Porque Dios amó a todo el mundo, envió a su Hijo como el cordero de Dios para recibir el castigo por nuestros pecados y darnos una nueva vida en Él.

JESÚS ES TENTADO EN EL DESIERTO

MATEO 4; MARCOS 1; LUCAS 4

Después de cuarenta días en el seco y caluroso desierto, Jesús tenía mucha hambre. El diablo le dijo: “Si eres el Hijo de Dios, ¡convierte las piedras en pan!”. Intentaba engañar a Jesús. Pero Jesús respondió: “La gente necesita algo más que pan en el estómago. También deben escuchar las palabras de Dios”. Dos veces más, el diablo tentó a Jesús para que siguiera un camino egoísta, pero Jesús nunca lo hizo.

Jesús nos mostró perfectamente cómo es Dios y cómo vivir a su manera. Él amó a Dios completamente y amó a los demás perfectamente. Sabía que Dios cuidaría de Él y nunca fue egoísta.

JESÚS CONVIERTE AGUA EN VINO

JUAN 2

¡La madre de Jesús estaba preocupada! María, Jesús y sus seguidores eran invitados a una fiesta de bodas en la que ¡se había acabado el vino! Jesús dijo a los mayordomos que llenaran grandes jarras con agua y se las llevaran al jefe de los mayordomos. El jefe de camareros estaba asombrado y dijo: "¡Este es el mejor vino, el que se suele servir primero!"

Jesús vio la preocupación de su madre y sintió compasión por ella. Él le dio lo que necesitaba. Así como Jesús convirtió el agua en vino, él nos ayuda a cambiar desde adentro hacia afuera.

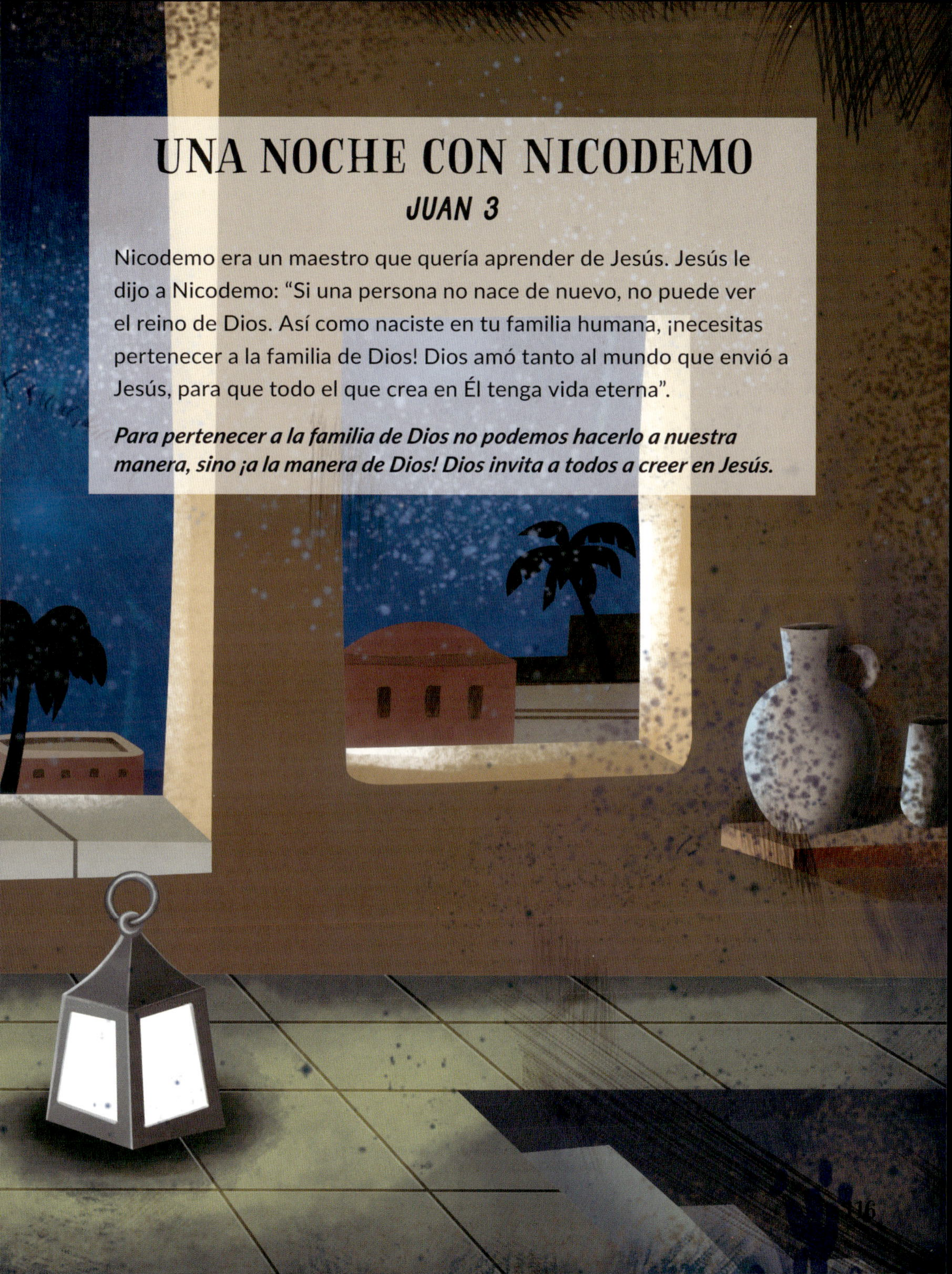

UNA NOCHE CON NICODEMO

JUAN 3

Nicodemo era un maestro que quería aprender de Jesús. Jesús le dijo a Nicodemo: "Si una persona no nace de nuevo, no puede ver el reino de Dios. Así como naciste en tu familia humana, ¡necesitas pertenecer a la familia de Dios! Dios amó tanto al mundo que envió a Jesús, para que todo el que crea en Él tenga vida eterna".

Para pertenecer a la familia de Dios no podemos hacerlo a nuestra manera, sino ¡a la manera de Dios! Dios invita a todos a creer en Jesús.

UNA MUJER SEDIENTA

JUAN 4

Jesús descansaba junto a un pozo. Una mujer se acercó con su cubeta. Jesús le pidió de beber y le dijo: "Yo puedo saciar tu espíritu con agua viva como una fuente. ¡Mi agua da vida que nunca se acaba!".

Luego de hablar, la mujer corrió hacia los habitantes del pueblo. Dijo: "¡Conocí a alguien que sabe toda mi vida! ¡Creo que Él es el salvador prometido!".

Jesús sabía que la mujer había desobedecido muchas de sus reglas, pero Él fue amable con ella. Le ofreció un nuevo comienzo con el Espíritu

JESÚS VISITA NAZARET

LUCAS 4

Jesús visitó el lugar de adoración en la ciudad de su infancia, Nazaret. Leyó en voz alta del Libro de Dios: "¡El Espíritu de Dios está conmigo para proclamar las buenas nuevas a los pobres, para anunciar la libertad a los presos, para dar la vista a los ciegos, para liberar a los agobiados y para declarar que éste es el tiempo de la bendición de Dios!".

Las palabras que Jesús leyó en voz alta eran sobre Él mismo, aunque habían sido escritas cientos de años antes. ¡Jesús vino a ayudar y a sanar!

JESÚS, EL SANADOR EN CANÁ

JUAN 4

Un niño cerca de Caná se estaba muriendo, y su padre, un importante funcionario, le rogó a Jesús que viniera a sanarlo. Jesús le dijo: "Vete a casa, ¡tu hijo vivirá!". El hombre creyó. Llegó a su casa y descubrió que el niño ya no tenía fiebre en el momento exacto en que Jesús había hablado. Toda la familia del funcionario se convirtió en creyente de Jesús.

Mientras estaba en la tierra, Jesús mostró compasión por mucha gente y sanó todo tipo de enfermedades. Jesús aún escucha a todos los que lo llaman con fe.

ENFERMOS ALREDEDOR DE UNA PISCINA

JUAN 5

Muchos enfermos se tendieron alrededor de una piscina, creyendo que cuando las aguas se agitaran, el primero que se metiera en la piscina se curaría. Un hombre llevaba treinta y ocho años enfermo. Jesús le dijo: "¡Levántate, toma tu lecho, y anda!". ¡Y lo hizo! Algunas personas se enojaron porque Jesús sanó a alguien en el día de descanso, pero a Jesús le importan más las personas que las tradiciones.

El enfermo no creía que fuera a sanarse nunca. Pero Jesús lo vio y lo sanó. Dios quiere que veamos las necesidades de las personas que nos rodean y las ayudemos.

JESÚS, EL SANADOR EN GALILEA

MATEO 4; MARCOS 1; LUCAS 4–5

Un hombre con una espantosa enfermedad de la piel se arrodilló y suplicó a Jesús: "Si estás dispuesto, sé que puedes sanarme". Jesús tocó al hombre y le dijo: "¡Por supuesto! ¡Sé sano!". Inmediatamente, la enfermedad desapareció.

¡Todos querían estar cerca de Jesús! Jesús no podía entrar tranquilamente en una ciudad, así que las multitudes acudían a Él en el campo.

El hombre con la enfermedad de la piel estaba acostumbrado a ser tratado como un marginado. Lleno de compasión, Jesús lo tocó cuando nadie más lo haría. ¡La mano de Jesús lo sanó!

CUATRO AMIGOS EN UN TEJADO

MARCOS 2; LUCAS 5

Cuatro hombres llevaban a su amigo paralítico, pero no podían acercarse a Jesús, ¡así que lo bajaron por un agujero en el tejado! Jesús dijo: "Hijo, tus pecados te son perdonados". Algunos pensaron: ¡Solo Dios puede decir eso! ¡Pero Jesús es Dios! Él perdona y sana. Jesús le dijo al paralítico que se levantara y se fuera a casa, y lo hizo.

Jesús tuvo compasión tanto de los enfermos como de los que sufrían por el pecado. Sanó gratuitamente los cuerpos de las personas, perdonó sus decisiones equivocadas, y aún hoy cuida de nosotros.

FELICIDAD VERDADERA

MATEO 5–7; LUCAS 6, 12

Jesús enseñó,

"Las personas verdaderamente felices son humildes, gentiles y amables. Quieren hacer lo correcto y dar paz. ¡Ama a tus enemigos y hazles el bien! Haz por los demás lo que te gustaría que hicieran por ti. ¡Piensa en tus propias fallas antes de juzgar a los demás! Pide a Dios lo que necesitas. A Él le gusta dar buenos regalos".

Como hijos de Dios, nunca encontraremos la felicidad en querer dinero o muchas cosas, sino cuando ponemos a Dios en primer lugar y tratamos bien a los demás.

UNA LECCIÓN DE PÁJAROS Y FLORES

MATEO 6; LUCAS 12

Jesús dijo: “No anhelen tener mucho dinero y cosas; no durarán, y les quitarán toda la atención. ¡Guarda tesoros en el cielo!

No te preocupes por la ropa, la comida o ¡cualquier otra cosa! Aprende de las aves del cielo. ¡Dios las alimenta! Ya que cuida de las aves y viste a las flores de forma tan bella, ¡seguro que cuidará de ti!”.

Dios tiene compasión y buenos planes para todos y todo en su maravilloso mundo. Quiere que confiemos en Él e imitemos su amor y bondad.

CÓMO ORAR

MATEO 6; LUCAS 11

Jesús enseñó a sus seguidores a hablar con Dios de esta manera:

"Padre nuestro que estás en los cielos,

Oramos para que las personas respeten tu nombre

Anhelamos tu reino y tu voluntad.

Danos el alimento que necesitamos cada día.

Perdona nuestros pecados, como nosotros perdonamos a los demás.

Tú eres el Rey con poder y gloria para siempre,

Amén".

Necesitamos el perdón de Dios, pero también necesitamos perdonar a los demás. Dios puede ayudarnos a mostrar gracia, como lo hace Él.

UNA PERSONA SABIA

MATEO 7; LUCAS 6

Jesús dijo: “Todo el que pone en práctica mis enseñanzas es como un hombre sabio que construye su casa sobre la roca. ¡Esa casa resistirá la tormenta!

Pero si escuchan mis palabras y no hacen caso, son como un hombre insensato que construye su casa sobre la arena. Su casa se derrumbará completamente en la tormenta”.

Jesús pronunció palabras de vida eterna. ¡Es importante que construyamos nuestras vidas de acuerdo a las palabras de Jesús, escuchando y obedeciendo lo que Jesús dijo!

JESÚS CUENTA UNA HISTORIA: LA SEMILLA DEL SEMBRADOR

MATEO 13; MARCOS 4; LUCAS 8

Un agricultor esparció sus semillas. Las semillas que cayeron en el camino se las comieron inmediatamente las aves. Las semillas que cayeron entre las rocas comenzaron a crecer, pero pronto se marchitaron porque sus raíces no tenían tierra. Las semillas que cayeron entre espinas se ahogaron. Pero las semillas que cayeron en buena tierra crecieron hasta convertirse en una gran cosecha.

Para crecer en el reino de Dios, no debemos preocuparnos ni desear poseer cosas. Somos como los cultivos grandes y sanos cuando nos comprometemos plenamente con el camino de Dios.

JESÚS CALMA LA TORMENTA

MATEO 8; MARCOS 3; LUCAS 8

Jesús había elegido a doce hombres para que fueran sus discípulos. Una noche, estaban todos juntos en una barca. Jesús se quedó dormido. De repente comenzó una fuerte tormenta. Los discípulos entraron en pánico y gritaron: "¡Jesús! ¡Ayuda! ¡Nos vamos a ahogar!".

Jesús le respondió: "¿Por qué tienen miedo? ¡Su fe es pequeña!". Se levantó y ordenó al viento y a las olas que se calmaran. Inmediatamente, ¡el mar se tranquilizó!

Jesús vio los rostros asustados de sus discípulos y se compadeció de ellos. Detuvo la tormenta y les recordó a sus discípulos que debían confiar en Él.

JESÚS RESUCITA A UNA NIÑA DE LA MUERTE

MATEO 9; MARCOS 5; LUCAS 8

Un padre llamado Jairo le rogó a Jesús que viniera a sanar a su hija moribunda. Entonces, un mensajero anunció que la niña ya había muerto. Jesús dijo: "No temas; solo cree". Fuera de la casa, Jesús ordenó: "¡Deja de hacer ruido y de llorar! No está muerta, sino dormida".

Adentro, Jesús tomó la mano de la niña y le dijo: "¡Niña, levántate!". ¡Y ella lo hizo!

Jesús es más fuerte que la muerte. Cuando la familia de Jairo estaba desesperada, Jesús les mostró que podían tener esperanza en Él.

UN GRAN PICNIC

MATEO 14; MARCOS 6; LUCAS 9; JUAN 6

Después de un largo y ajetreado día ayudando a multitudes de personas, los seguidores de Jesús dijeron: “¡Envíen a todos a casa!”.

A Jesús le preocupaba que la gente hambrienta tuviera que caminar un largo camino hasta su casa. “No”, dijo Jesús. “¡Necesitan comida!”.

Jesús multiplicó cinco panes pequeños y dos peces pequeños. ¡Hizo comida más que suficiente para alimentar a más de cinco mil personas!

¡Jesús se preocupa por las necesidades habituales de la gente cansada y hambrienta! En su bondad, alimentó a toda la multitud en lugar de despedirla con hambre.

JESÚS AMA A LOS NIÑOS

MATEO 18; MARCOS 10; LUCAS 18

¡Jesús siempre tenía tiempo para los niños pequeños! Alguien preguntó: “¿Quién es el más grande en el reino de Dios?”. Jesús respondió: “El que recibe a un niño pequeño, me recibe a mí”. Para entrar en el reino de Dios, los niños y los adultos necesitan la fe sencilla y la humildad de un niño. Las personas humildes que confían en Dios son las más grandes del reino”.

Ser humilde significa seguir el ejemplo de Jesús y buscar maneras de servir a los demás en vez de a nosotros mismos. ¡Jesús dijo que la fe humilde será bendecida!

JESÚS CUENTA UNA HISTORIA: EL BUEN SAMARITANO

LUCAS 10

Unos ladrones atacaron a un viajero, le robaron todas sus cosas y lo dejaron en el camino. Dos trabajadores del templo ignoraron al hombre herido mientras estaba en el suelo. Pero un hombre de un pueblo odiado tuvo gran compasión. Le puso vendas, lo subió a su animal, le pagó la estancia en una posada y lo cuidó durante la noche.

¡Ese hombre se desvivió por ser un buen amigo!

Preocuparse por los demás no siempre es fácil. A veces toma tiempo o dinero, o podríamos preferir hacer otra cosa. Pero Dios nos manda a ser amables y amar a los demás como Dios los ama.

JESÚS CUENTA HISTORIAS: UNA OVEJA PERDIDA Y UNA MONEDA PERDIDA

LUCAS 15

Si un pastor tiene cien ovejas y una se pierde, sale a buscarla. Al volver a casa con la oveja sobre sus hombros, les dice a sus amigos: "¡Alégrense! He encontrado mi oveja perdida".

O imagina a una mujer que pierde una de sus diez monedas de plata. Cuando la busca y la encuentra, ¡se pone muy feliz!

El pastor y la mujer no dejaron de buscar hasta que encontraron lo que extraviaron. Del mismo modo, Dios se preocupa por las personas que están lejos de Él. El cielo se llena de alegría cuando regresan.

JESÚS CUENTA UNA HISTORIA: EL PADRE AMOROSO

LUCAS 15

¡Un niño quería su libertad! Tomó el dinero de su padre, se marchó y pronto lo malgastó todo. Consiguió un trabajo alimentando a los cerdos y tenía tanta hambre que ¡deseaba poder comer su comida! Decidió ir a casa y pedir perdón. Su padre lo vio llegar y corrió a recibirlo con una gran bienvenida.

Dios siempre está dispuesto a perdonarnos y a acogernos de nuevo en casa. Nuestros pecados nunca son más grandes que su compasión por nosotros.

JESÚS CUENTA UNA HISTORIA: DOS HOMBRES EN EL TEMPLO

LUCAS 18

Dos hombres fueron al templo a orar.

El hombre orgulloso se celebró a sí mismo, anunciando: “Me alegro de no ser como la mala gente, ¡ya que yo hago el bien y regalo dinero!”.

El hombre humilde oró: “Dios, por favor, ten misericordia. ¡Sé que soy un pecador!”.

Dios escuchó y perdonó al segundo hombre.

El hombre orgulloso no hablaba con Dios, sino consigo mismo, para que los demás lo oyeran y pensaran bien de él. Dios escucha nuestras oraciones cuando somos humildes, estamos arrepentidos y confiamos en su bondad.

EL GOBERNANTE RICO

MATEO 19; MARCOS 10; LUCAS 18

Un hombre rico le preguntó a Jesús: "¿Cómo puedo obtener la vida eterna?".

El hombre dijo que había cumplido todas las normas de Dios. Jesús lo amó y le dijo: "Vende tus pertenencias, dalo todo a los pobres y tendrás un tesoro en el cielo. Luego, sígueme".

El hombre rico estaba triste porque amaba sus tesoros terrenales. Se dio la vuelta y se marchó.

El hombre rico amaba más sus posesiones que a Dios. Si ponemos a Dios en el primer lugar de nuestros corazones, Él ha prometido atender nuestras necesidades.

UN CIEGO DESESPERA

MATEO 20; MARCOS 10; LUCAS 18

Un hombre ciego se enteró que Jesús venía. No paraba de gritar: "Jesús, Mesías, ¡ten piedad de mí!".

Jesús se detuvo y le preguntó: "¿Qué quieres que haga?".

El hombre ciego respondió: "Señor, ¡quiero ver!".

Jesús respondió: "¡Recibe la vista! Tu fe te ha sanado".

Inmediatamente, ¡el hombre pudo ver!

A menudo, Jesús se preocupaba por las personas, una por una. Pudo haber ignorado al ciego, pero en lugar de eso se detuvo, pasó tiempo con el hombre y lo sanó. ¿Hay alguien a quien puedas ayudar hoy?

UN HOMBRE EN UN ÁRBOL

LUCAS 19

Un hombre rico, Zaqueo, quería ver a Jesús, pero era pequeño y había mucha gente. Corrió hacia adelante y ¡se escondió en lo alto de un árbol! Jesús se detuvo, le pidió que bajara y visitó su casa.

En frente de todos, Zaqueo le dijo a Jesús: "Señor, daré la mitad de mi fortuna a los pobres. Si he engañado a alguien, ¡pagaré cuatro veces dicha cantidad!".

Cuando Zaqueo conoció a Jesús, su corazón cambió por completo. Él quería arreglar lo que había hecho mal. Cuando ofendemos a alguien, Dios quiere que pidamos perdón y hagamos las cosas bien.

PERFUME CARO

MATEO 26; MARCOS 14

En una cena con amigos, una mujer le dio algo valioso a Jesús. Ella derramó un valioso frasco de hermoso perfume sobre sus pies.

Algunos envidiosos refunfuñaron: "¡Ese perfume valía mucho dinero que podría haberse dado a los pobres!".

Jesús dijo: "¡No! Ella hizo algo hermoso".

La mujer amaba a Jesús más que a nada y quería darle algo especial. ¿De qué manera puedes decirle "te amo" a Jesús en la actualidad?

¡HOSANNA!

MATEO 21; MARCOS 11; LUCAS 19; JUAN 12

Jerusalén estaba llena de visitantes para una fiesta. ¡También venía Jesús! Mientras Jesús entraba en la ciudad montado en un burrito, la gente corría dejando ramas y sus mantos. ¡Los niños danzaban mientras lo alababan! La multitud agitaba ramas, aclamaba y gritaba: “¡Hosanna! ¡Bendito el que viene en el nombre del Señor!”.

Jesús entró en la ciudad como el rey, y Él merece toda la adoración. Vino con poder para salvar a todas las personas que confían en Él del castigo de sus pecados.

PROBLEMAS EN EL TEMPLO

MATEO 21; MARCOS 11; LUCAS 19

Los patios del templo estaban llenos de puestos ruidosos para que los adoradores compraran animales para los sacrificios e intercambiaran dinero. Los comerciantes ganaban dinero injustamente de los que habían viajado lejos. ¡Jesús estaba molesto! Echó a los comerciantes codiciosos y volcó sus mesas, diciendo: "¡Mi casa será un lugar de oración para todas las naciones, pero ustedes la están convirtiendo en una cueva de ladrones!".

A Dios no le agrada cuando las personas se comportan de manera injusta. Dios quiere que imitemos a Jesús haciendo lo que es correcto, tratando a los demás con amabilidad y viviendo humildemente ante Dios.

LA GRAN OFRENDA DE UNA VIUDA

MARCOS 12; LUCAS 21

Jesús les dijo a sus discípulos: "He visto a los ricos echar mucho dinero en la caja de las ofrendas del templo. Pero, ¿ven a esa pobre viuda? Solo echó dos moneditas, pero ¡dio más que todos los demás! Ellos echaron algo del dinero que les sobraba, pero ella dio todo lo que tenía para vivir".

¡Jesús siempre mira nuestros corazones! Medidos por sus propios criterios, los ricos se sentían orgullosos. Pero Jesús vio que la viuda daba generosamente por su amor a Dios.

JESÚS LAVA LOS PIES

JUAN 13

Jesús y sus amigos compartían una comida de celebración. Después de la cena, Jesús se quitó el manto y se envolvió con una toalla, como un siervo. Echó agua en un tazón, lavó los pies de cada uno de los discípulos y los secó.

Jesús les dijo a sus discípulos: "Sigan mi ejemplo: sírvan a los demás como yo lo he hecho".

¡No es un trabajo tan agradable lavar los pies de alguien! Jesús lo hizo para enseñarles a sus discípulos a tratar a los demás con una extravagante amabilidad. Jesús nos manda a seguir su ejemplo.

RECUERDA A JESÚS

MATEO 26; MARCOS 14; LUCAS 22

Pronto Jesús dejaría a sus amigos. Luego de comer la comida, repartió algo de pan y dijo: "Coman pan juntos y recuérdenme".

Jesús tomó una copa de vino, dio gracias a Dios y la pasó para que todos la compartieran. Les dijo: "Voy a morir para traer el perdón. Cuando beban esto, acuérdense de mí".

Jesús nos dio la Santa Cena, una forma sencilla de recordar su sacrificio. No hay mayor amor que el que Dios nos tiene.

JESÚS MUERE EN LA CRUZ

MATEO 27; MARCOS 14–15; LUCAS 22–23; JUAN 18–19

Los líderes religiosos habían estudiado mucho para ser maestros. Estaban celosos cuando Jesús explicó tan claramente las cosas sobre su Padre, Dios. Inventaron historias falsas y enviaron soldados para arrestar a Jesús.

Los soldados crueles hirieron a Jesús y lo clavaron en una cruz. Jesús le pidió a Dios que los perdonara. Luego, Jesús murió. ¡Pero pronto volvería a la vida de nuevo!

Dios permitió que hombres crueles colgaran a Jesús en la cruz. ¡Jesús nos amó y dio su vida por nosotros para que podamos ser perdonados!

JESÚS ESTÁ VIVO

MATEO 28; MARCOS 16; LUCAS 24; JUAN 20

El viernes por la noche, los seguidores de Jesús enterraron con delicadeza su cuerpo en una cueva del jardín. El domingo por la mañana, muy temprano, algunas mujeres fueron a visitar y recordar a Jesús.

¡Entonces hubo una gran emoción! La cueva estaba vacía, y un ángel anunció: "Jesús no está aquí; ¡ha resucitado! ¡Dense prisa y díganselo a sus seguidores!".

En cualquier momento del año, ¡podemos celebrar la victoria triunfante de Jesús! Jesús ha resucitado; ¡la muerte ha sido derrotada! Ahora, cualquiera que crea en Jesús puede vivir con Él para siempre.

UN DESCONOCIDO EN EL CAMINO

MARCOS 16; LUCAS 24

Dos amigos tristes hablaban mientras caminaban a casa con un desconocido, diciendo: "Creíamos que Jesús era el Salvador prometido, pero fue cruelmente asesinado. Increíblemente, algunos dicen que la cueva del entierro está vacía y que ¡Él está vivo!".

El desconocido les explicó que esas cosas estuvieron siempre en el plan de Dios. De repente, se dieron cuenta de que el desconocido era Jesús. ¡Realmente estaba vivo!

El plan de Dios para Jesús siempre fue que muriera y resucitara. Cuando creemos en Jesús, Él nos da una vida nueva. ¡Podemos compartir las buenas nuevas con los demás!

ES REALMENTE JESÚS

MARCOS 16; LUCAS 24; JUAN 20

Los amigos corrieron hacia los seguidores de Jesús y estaban contando con entusiasmo la noticia cuando el propio Jesús entró en la habitación. Los seguidores no estaban seguros de que fuera real, así que Él dijo: “¡Tócame, tengo carne y huesos! ¿Tienes algo que pueda comer?”. Con alegría y asombro, lo vieron comer pescado y lo oyeron explicar cómo se había cumplido el plan de Dios.

Jesús se apareció a sus seguidores en grupos grandes y pequeños durante un período de cuarenta días. ¡No había duda de que estaba realmente vivo de nuevo!

DESAYUNO EN LA PLAYA

JUAN 21

Siete discípulos fueron a pescar de noche, pero no pescaron nada. Al amanecer, Jesús estaba en la playa diciendo: "¡Echen las redes a la derecha y pescarán mucho!". Obedecieron y apenas pudieron recoger la red llena de ¡153 peces grandes!

"Vengan a desayunar", los invitó Jesús. Tenía el pan preparado y el fuego encendido para cocinar el pescado.

Jesús comprendió los sentimientos de los cansados y decepcionados pescadores. Con la ayuda milagrosa de Jesús, ¡la tristeza de los pescadores se convirtió en alegría!

EL COMIENZO DE LA IGLESIA

MATEO 28; MARCOS 16; LUCAS 24; HECHOS 1–2

Jesús instruyó a sus seguidores: “Enseñen a la gente de todo el mundo a obedecer mis palabras. El Espíritu Santo viene a ayudarlos”. Después de que Jesús regresó al cielo, el Espíritu Santo vino, ¡sonando como un viento fuerte y apareciendo como llamas! Pedro predicó con valentía a la multitud. Miles de personas pidieron perdón a Dios. ¡La iglesia había comenzado!

La iglesia no es un edificio, sino las personas que confían en Jesús y tienen el Espíritu Santo de Dios. El Espíritu Santo nos da poder para hacer lo que es correcto, nos consuela cuando estamos tristes y cambia nuestros corazones para amar a Dios y a los demás cada vez más.

HABLANDO SOBRE JESÚS

HECHOS 3

Un hombre que no podía caminar se sentó a mendigar cuando dos de los seguidores de Jesús, Pedro y Juan, se acercaron al templo.

“No tengo dinero”, dijo Pedro, “¡pero puedo darte algo mejor! En el nombre de Jesucristo de Nazaret, ¡te ordeno que te levantes y camines!”.

El hombre se levantó y empezó a caminar, y luego ¡comenzó a saltar y a alabar a Dios!

Pedro y Juan sanaron al hombre con el poder del Espíritu de Dios. Dios se alegra cuando nos preocupamos por las necesidades de los demás.

EN EL CAMINO A DAMASCO

HECHOS 9

Saulo quería detener a todos los que seguían y adoraban a Jesús. Un día, una luz brillante del cielo lo cegó y una voz lo llamó: “Saulo, ¿por qué me persigues?”.

Saulo preguntó: “¿Quién eres, Señor?”.

La voz respondió: “Yo soy Jesús. Te he elegido para que prediques por mí”.

Saulo tenía noticias que contar: “¡He conocido a Jesús! Jesús es el Hijo de Dios”.

Cuando el Espíritu de Dios entró en Saulo, ¡todo cambió! A Saulo se le dio un nuevo objetivo: compartir las noticias de Jesús. Más tarde se le daría un nuevo nombre: Pablo.

BERNABÉ ES UN BUEN AMIGO

HECHOS 9

Los cristianos estaban asombrados y un poco asustados de Saulo porque había sido su enemigo. Un amigo llamado Bernabé llevó a Saulo a los cristianos y los tranquilizó: "Saulo es realmente un cristiano ahora. ¡Lo he oído predicar que Jesús es el Hijo de Dios!".

Bernabé y Saulo viajaron lejos juntos, ayudando a la gente y hablándoles de Jesús.

Bernabé acogió a Saulo y lo defendió. Fue un amigo leal de Saulo y de muchos otros. El Espíritu de Dios ayudó a Bernabé a ser amable y generoso.

BUENAS NUEVAS PARA TODOS

HECHOS 10

Un centurión romano, Cornelio, convocó a su familia y amigos para escuchar la predicación de Pedro: "¡Dios no tiene favoritos! ¡Él ama a la gente de todas las naciones! Jesús vino de Dios y vimos sus milagros. Murió en una cruz, pero Dios lo resucitó: ¡lo vimos vivo! Cuando crees en Él, tienes el perdón de tus pecados".

¡Cornelio y su familia creyeron en Jesús! Eran de un país diferente al de Pedro. Pero ¡la bondad de Dios se extiende a todas las personas del mundo!

PABLO Y BERNABÉ SE VAN DE VIAJE

HECHOS 13–15

Saulo, que ahora se llamaba Pablo, y Bernabé viajaban de pueblo en pueblo predicando el perdón a través de Jesús. Los que creyeron se convirtieron en iglesias. Cuando Pablo y Bernabé sanaron a un hombre, la gente pensó que eran dioses. Pablo explicó que solo hay un Dios verdadero. Algunas personas recibieron la noticia de Jesús, pero otras ¡odiaron a los misioneros y su mensaje!

Dios ama a todas las personas, pero solo algunas deciden amar a Dios también. Podemos orar por las personas que no aman a Dios para que cambien de parecer y elijan confiar en Él.

PABLO Y SILAS SE VAN DE VIAJE

HECHOS 16

En el nombre de Jesús, Pablo y otro misionero, Silas, liberaron a una muchacha que había sido tratada de forma poco amable. Sus amos, enfadados, iniciaron un motín que llevó a Pablo y a Silas a la cárcel. A medianoche, mientras Pablo y Silas cantaban himnos, ¡un terremoto sacudió las puertas de la prisión y las abrió!

Pablo gritó al carcelero: "¡No te preocupes! ¡Ningún prisionero se ha escapado!". Más tarde, Pablo le explicó el amor y el perdón de Dios, y la familia del carcelero se hizo cristiana.

Pablo y Silas podrían haberse quejado de sus problemas, pero en lugar de ello ¡recordaron la bondad de Dios y se pusieron a cantar! Cuando las puertas se abrieron de golpe, Pablo y Silas no decidieron escapar. Su bondad y el poder de Dios llevaron al carcelero a confiar en Jesús.

TIMOTEO EL APRENDIZ

HECHOS 16; 2 TIMOTEO 1

Desde que Timoteo era un niño, su madre y su abuela le enseñaron la Palabra de Dios. Timoteo demostró que era digno de confianza. Pablo lo trató como a un hijo, capacitándolo a él y a Silas para ser predicadores. Timoteo se convirtió en un líder cuidadoso y un buen ejemplo para todos en las iglesias.

¡Alabado sea Dios por todos los que enseñan los caminos de Dios! Debemos rodearnos de personas de confianza que amen a Dios y nos animen a vivir correctamente ante Él.

PABLO VIAJA A ROMA

HECHOS 27–28; ROMANOS 8

Los viajes de predicación de Pablo lo llevaron a grandes ciudades y a pequeños pueblos. En muchas comunidades se fundó una iglesia. Mucho más tarde, Pablo hizo su último viaje en barco hacia Roma, ¡y ese viaje incluyó la experiencia de un naufragio! Un ángel le dijo a Pablo que Dios llevaría a todos a salvo a tierra firme, y así fue. Pablo nunca dejó de compartir las buenas nuevas de Jesús.

Pablo escribió para animar a las nuevas iglesias: "Dios es siempre bondadoso con nosotros; nada puede hacernos daño. Nada puede separarnos de su gran amor".

NUESTRA MARAVILLOSA CASA

JUAN 14; APOCALIPSIS 21–22

Jesús está preparando un lugar para que sus seguidores vivan con Él para siempre. Hay un río que fluye claro y el árbol de la vida con frutos maravillosos. La luz está en todas partes, y las puertas están siempre abiertas. No hay nada impuro o desagradable, ni lágrimas, ni dolor, ni oscuridad, ni necesidad de sol o luna. ¡Lo mejor de todo es que veremos a Jesús y estaremos en casa con Él!

Dios siempre nos ha amado y quiere que estemos cerca de Él. ¡Quiere compartir su casa con nosotros para siempre!